Indice

Per Iniziare

Malgrado l'elusività del costrutto teorico, le funzioni esecutive rappresentano sempre un elemento imprescindibile nelle valutazioni neuropsicologiche e spesso (con le dovute distinzioni tra caso e caso) anche nei percorsi di riabilitazione neuropsicologica del paziente adulto.

Le persone con deficit delle funzioni esecutive possono manifestare problemi in molti ambiti, come quelli che richiedono tempi prolungati di attenzione, inibizione delle risposte automatiche non utili al raggiungimento di un obiettivo, mantenimento delle informazioni in memoria il tempo necessario per compiere un'operazione mentale, modificazione in tempi rapidi del proprio comportamento o dei piani previsti per eseguire un compito, organizzazione delle informazioni per memorizzarle meglio e delle proprie attività per compierle in maniera più efficiente, e tanto altro ancora.

In questo volume troverete schede per far esercitare il paziente con diversi aspetti della memoria di lavoro, cioè la capacità di mantenere a mente le informazioni per alcuni secondi ed elaborarle.

Le varie schede sono ordinate per difficoltà crescente, per sottocomponenti maggiormente stimolate (capacità e aggiornamento, con aggiunta di interferenza e flessibilità cognitiva) e organizzate per dominio – verbale e visuo-spaziale.

I materiali non devono essere pensati per utilizzo rigido, ma sta alla competenza del professionista decidere se usarli così come sono o riadattarli in base alle esigenze del singolo paziente.

Che cosa sono le funzioni esecutive

Benché dopo tanti anni di dibattito manchi ancora una definizione universalmente accettata di «funzioni esecutive», vi è sufficiente accordo sul riferimento a un insieme di capacità che concernono l'abilità di formulare un piano, anticiparne gli effetti, modificarlo in maniera flessibile (insieme al proprio comportamento) e agire in maniera strategica in base a uno scopo prefissato, aggiungendo inoltre la capacità di adattare i propri comportamenti al contesto in cui ci si trova, inibire i comportamenti e le interferenze, fino al punto di riuscire a gestire anche le proprie emozioni.

Appare subito evidente che si tratta di un set piuttosto ampio di abilità che possono agire in maniera trasversale in diversi compiti e situazioni, e inevitabilmente richiama un'ampia gamma di processi cognitivi e competenze comportamentali, tra cui rientrano il ragionamento verbale, il problem-solving, la pianificazione, l'attenzione sostenuta, la resistenza all'interferenza, l'utilizzo di feedback, il multitasking, la flessibilità cognitiva e la gestione delle novità (Chan et al., 2008).

Tipicamente i modelli teorici sulle funzioni esecutive possono essere divisi in unitari e multicomponenziali.

Rispetto ai primi, l'esempio più celebre è forse quello di Norman e Shallice (1986), che prevede che i comportamenti siano divisi in base alla volontarietà che ne sta alla base. Gli schemi vengono innescati o influenzati da stimoli sensoriali che determinano specifici comportamenti in base al contesto. Alla base di ciò vi è meccanismo di selezione competitiva: il sistema prevede che il contesto attivi diversi schemi, tra i quali prevarrà quello maggiormente attivato.

Tuttavia, in situazioni nuove o in circostanze in cui il comportamento attivato automaticamente non risulta funzionale al raggiungimento di un determinato scopo, interviene in cosiddetto sistema attentivo supervisore (SAS) che invece esercita un controllo sui processi cognitivi, consentendo alla persona di pianificare e organizzare una risposta diversa, inibire risposte abituali e correggere possibili errori.

Passando invece ai modelli multicomponenziali, il più famoso è sicuramente quello di Miyake e colleghi (2000).

Tale modello prevede la suddivisione delle funzioni esecutive principalmente in tre componenti:

- inibizione;
- memoria di lavoro;
- flessibilità cognitiva.

Nel primo caso si fa riferimento alla capacità di la capacità di inibire le risposte dominanti, prepotenti o automatiche; rispetto all'aggiornamento della memoria di lavoro, il riferimento è alla capacità di monitorare l'informazione in entrata in base alla rilevanza col compito da affrontare e quindi aggiornarla, sostituendo quella vecchia e non più utile con una più recente e rilevante; infine, in merito alla flessibilità cognitiva si intende la capacità di passare agilmente da un compito a un altro o da uno stato mentale a un altro.

Una celebre modifica apportata a questo modello è quella di Adele Diamond (2013). La sua formulazione, pur ricalcando in apparenza, almeno in parte, la struttura delle funzioni esecutive prevista da Miyake e colleghi (2000), prevede che le tre componenti base delle funzioni esecutive (inibizione, memoria di lavoro e flessibilità) siano gli elementi costituenti di capacità di complessità superiore come la pianificazione, il ragionamento, il problem solving e l'intelligenza fluida.

Qualunque sia il modello di funzioni esecutive a cui si fa riferimento, probabilmente verranno incluse in questo costrutto teorico capacità come quelle riguardanti le componenti attentive (per esempio, l'attenzione sostenuta, selettiva e divisa), la memoria di lavoro, la flessibilità cognitiva, la pianificazione, il pensiero strategico, la categorizzazione, il monitoraggio, l'organizzazione e il ragionamento astratto.

Il fatto che negli ultimi decenni si sia dato tanto spazio in ambito neuropsicologico alla ricerca sulle funzioni esecutive non stupisce se si pensa all'importanza che rivestono nella vita delle persone. Per esempio, la flessibilità cognitiva appare in relazione sia all'intelligenza fluida che cristallizzata (Friedman et al., 2006). Inoltre, i punteggi nelle prove che valutano le componenti delle funzioni esecutive mostrano forti legami con le attività strumentali nel quotidiano (Vaughan & Vianello, 2010), ma anche con le capacità di compiere compiti complessi nella vita di tutti i giorni (Goverover et al., 2004; Goverover et al., 2007) e di adottare uno stile di vita sano (Davies et al., 2010). Se ciò non apparisse sufficiente a indicarne l'importanza, aggiungiamo che sembra esserci un legame anche con altre capacità cognitive in situazioni patologiche, come nel caso della sclerosi multipla, in cui il deficit delle funzioni esecutive risulta legato anche a una minore efficienza nell'utilizzo delle capacità mnesiche (Pitteri et al., 2020).

La riabilitazione delle funzioni esecutive

Abbiamo accennato all'importanza dell'attenzione e delle funzioni esecutive nella vita quotidiana ed è quindi facilmente immaginabile che da decenni si concentrino gli sforzi per valutare gli effetti di vari approcci riabilitativi. Già la consensus conference sulla riabilitazione neuropsicologica per le cerebrolesioni acquisite, tenutasi a Siena nel 2010, suggerisce l'utilità della presa in carico secondo diversi approcci (Vallar et al., 2012), anche se in questo caso la letteratura considerata riguarda principalmente gli esiti da trauma cranico.

È interessante notare che nei lavori presi in considerazione dalla suddetta conferenza di consenso, i training sembrano condurre a un certo grado di mantenimento degli effetti nel tempo e a una loro generalizzazione a capacità non direttamente trattate, soprattutto se i training di tipo restitutivo vengono condotti in abbinamento a training di tipo più strategico.

Riguardo agli approcci restitutivi, gli studi citati riguardano l'allenamento tramite esercizi incentrati su diverse componenti attentivo-esecutive. In alcuni casi è stato usato un training di tipo gerarchico (Sohlberg & Mateer, 1987; Sohlberg et al., 2001; Sohlberg, McLaughlin & Pavese, 2000; Palmese & Raskin., 2000), in altri casi sono state riabilitate specifiche componenti attentivo-esecutive come l'attenzione divisa (Stablum et al., 2000), la flessibilità cognitiva (Stablum et al., 2007), l'attenzione sostenuta e l'aggiornamento della memoria di lavoro (Serino et al., 2007; Cicerone, 2002; Westerberg, Jacobaeus & Hirvikoski, 2007).

Evidenze più aggiornate sono riassunte nella revisione sistematica della letteratura condotta da Cicerone e colleghi (2019) riguardo a ricerche condotte su persone con cerebrolesione acquisita conseguente a ictus o trauma cranioencefalico. Da tale lavoro si ricava sostanzialmente l'efficacia della riabilitazione che coinvolge l'attenzione e le funzioni esecutive, come quelli composti da esercizi gerarchici che partono dai livelli attentivi più basici (per esempio, l'attenzione sostenuta) fino componenti essenziali delle funzioni esecutive (come l'attenzione alternata – o flessibilità cognitiva – e l'aggiornamento della memoria di lavoro), quella basata su training metacognitivi e quella che utilizza programmi informatizzati per allenare specifiche componenti attentivo-esecutive (per esempio, la memoria di lavoro).

Analoghi elementi sembrano emergere anche dalla letteratura sulla riabilitazione neuropsicologica per individui che frequentemente presentano deficit attentivo-esecutivi, seppur con diversa eziologia, come nel caso della sclerosi multipla (Lamargue et al., 2020).

Le evidenze sembrano indicare quindi l'utilità di lavorare in maniera ampia e personalizzata su più aspetti collegabili alle funzioni esecutive. Per questo motivo abbiamo deciso di creare una serie di esercizi utili per potenziare o riabilitare più componenti delle funzioni esecutive e in più modalità, con l'idea di aumentare la possibilità che gli effetti del training si generalizzino.

Non necessariamente tutti gli esercizi proposti dovrebbero essere usati sul paziente con deficit delle funzioni esecutive; al contrario, sulla base della nostra esperienza clinica, riteniamo che il percorso riabilitativo vada predisposto tenendo conto del profilo neuropsicologico che emerge da un'accurata valutazione testistica, insieme a non meno importanti aspetti qualitativi da indagare sempre in sede di valutazione, e anche col supporto di elementi che si possono ricavare durante il percorso stesso.

Data la frequente necessità di lavorare su più ambiti delle funzioni attentivo-esecutive e, contemporaneamente, la difficoltà nel trovare materiali già organizzati su questi presupposti, abbiamo deciso di creare un'ampia serie di schede di lavoro raggruppate per diverse caratteristiche:

- schede per lavorare su abilità che potremmo considerare più basiche (attenzione sostenuta e selettiva, inibizione, memoria di lavoro e flessibilità cognitiva);

- schede per lavorare su componenti più 'alte' (pianificazione, categorizzazione, astrazione e metacognizione/organizzazione).

La memoria di lavoro

La memoria di lavoro può essere definita come un sistema cognitivo per il mantenimento temporaneo e la manipolazione delle informazioni (Baddeley, 2012), che è sempre stato considerato cruciale in molti altri processi cognitivi, come l'apprendimento, il ragionamento, l'intelligenza e la soluzione di problemi (Alloway, 2009; Baddeley, 2003; Conway et al., 2003). Un modello preso ancora oggi come punto di riferimento per descrivere il funzionamento della memoria di lavoro è quello di Baddeley (2012) che, schematicamente, può essere rappresentato in questi semplici punti:

- **loop fonologico**, per la componente verbale, a sua volta distinto in magazzino fonologico (dove si conservano le parole che ascoltiamo) e loop articolatorio (che, tramite la ripetizione, mantiene le parole attive in mente);

- **taccuino visuo-spaziale**, per la componente visuo-spaziale, che gestisce le informazioni visive e spaziali (utile per la navigazione e l'interazione con l'ambiente visivo);

- **buffer episodico**, che integra le informazioni provenienti dal loop fonologico e dal taccuino visuo-spaziale, nonché dalla memoria a lungo termine, e agisce come un deposito temporaneo per l'informazione unitaria, consentendo la combinazione di informazioni diverse in un unico episodio o scenario;

- **esecutivo centrale**, una sorta di sistema di supervisione che coordina le attività delle altre componenti (non ha capacità di stoccaggio ma gestisce l'attenzione, il processo decisionale e divide le risorse tra il loop fonologico e il taccuino visuo-spaziale).

Come precedentemente accennato, una componente della memoria di lavoro, cioè l'aggiornamento, è parte integrante di uno dei modelli teorici sulle funzioni esecutive più influenti, cioè quello di Miyake e colleghi (2000). L'aggiornamento implica monitorare e codificare attivamente le informazioni rilevanti, mentre si sostituiscono quelle obsolete o irrilevanti nella memoria di lavoro. Nel loro lavoro, Miyake e colleghi hanno sottolineato l'importanza dell'aggiornamento come una funzione esecutiva distinta, ma interconnessa con le altre funzioni esecutive. Questa capacità di aggiornamento è fondamentale per molte attività cognitive, come la comprensione e il ragionamento, perché permette alle persone di mantenere e manipolare l'informazione attuale e pertinente nella loro mente.

La memoria di lavoro è una componente critica delle funzioni cognitive nella vita quotidiana e ha implicazioni significative in varie casistiche cliniche: ha implicazioni nell'apprendimento e nella comprensione del linguaggio, poiché è essenziale per il trattamento delle informazioni linguistiche (de Abreu et al., 2011), mostrandosi correlata a migliori abilità di lettura e comprensione linguistica nei bambini; è importante per mantenere e manipolare informazioni durante il problem solving, infatti diversi studi mettono in luce la correlazione tra capacità di memoria di lavoro e performance in compiti di ragionamento (Yuan et al., 2006; de Abreu et al., 2010); è collegata al controllo dell'attenzione (McVay & Kane, 2012) e viene evidenziati che individui con maggiori capacità di memoria di lavoro mostrano maggiore resistenza alle distrazioni; è spesso deficitaria in individui con ADHD (Alderson et al., 2013); diminuisce con l'età (Bopp & Verhaeghen, 2019) e il deterioramento della memoria di lavoro influenza altre funzioni cognitive negli anziani; è significativamente compromessa nella malattia di Alzheimer ed evidente nelle fasi di lieve compromissione cognitiva (MCI), considerata uno stadio precoce della suddetta malattia, e, insieme alle funzioni esecutive, declina durante il passaggio dalla normale cognizione alla MCI e poi alla compromissione più importante, cioè quella dell'Alzheimer (Sandry, 2015); deficit di memoria di lavoro sono comuni anche dopo un trauma cranico e possono causare molteplici problemi ai pazienti nella vita quotidiana (Johansson & Tornmalm, 2012).

Passando invece alla possibilità di riabilitare i deficit della memoria di lavoro, uno studio (Mousavi et al., 2018) ha esaminato l'efficacia della riabilitazione della memoria sui pazienti con sclerosi multipla. I risultati hanno mostrato che un programma di riabilitazione cognitiva ha migliorato significativamente le prestazioni della memoria di lavoro nei pazienti e questi miglioramenti sono stati osservati sia immediatamente dopo l'intervento sia al follow-up di cinque settimane. Questo studio suggerisce che la riabilitazione cognitiva può migliorare i disturbi della memoria di lavoro e avere un impatto positivo sulle prestazioni di memoria di lavoro di questi pazienti.

La possibilità di osservare incrementi nelle performance cognitive tramite training della memoria di lavoro era stata riscontrata in precedenza in diverse ricerche già in età prescolare (Blaley & Carroll, 2015; Passsolunghi & Costa, 2016; Peng et al., 2017) e in età scolare, con ricadute anche sugli apprendimenti scolastici e sull'intelligenza (Holmes et al., 2009; Sanchez-Perez et al., 2018).

Sempre in merito all'intelligenza, è molto nota la ricerca di Jaeggi e colleghi (2008) tramite la quale era stato osservato un incremento nei punteggi di ragionamento fluido in persone adulte sane a seguito di un training in doppio compito di aggiornamento della memoria di lavoro. Analogamente, effetti benefici sono stati registrati anche in anziani sani (Borella et al., 2019; Brum et al., 2018; Payne & Stine-Morrow, 2017); nello specifico, a seguito dell'allenamento veniva osservata un'aumentata capacità di comprensione orale, una maggior capacità di inibizione cognitiva, incremento della memoria a lungo termine e benefici nelle abilità di vita quotidiana.

Gli effetti della riabilitazione della memoria di lavoro sono stati anche osservati in campioni clinici, come quelli composti da persone con sclerosi multipla, venendo documentata anche generalizzazione a funzioni cognitive non direttamente trattate (Hancock et al., 2015; Pedullà et al., 2016).

Anche in seguito a cerebrolesione acquisita sono stati riportati benefici del training di memoria di lavoro; Zakarias e collaboratori (2018), infatti, dopo aver sottoposto alcune persone con afasia a una riabilitazione basata su un n-back di tipo visivo, hanno osservato un'aumentata capacità di comprensione verbale.

Quanto finora citato, insieme alla nostra esperienza clinica, ci ha portato a inserire numerosi esercizi di memoria di lavoro come parte integrante di un percorso riabilitativo sulle funzioni esecutive. In questo volume, quindi, ci concentriamo su esercizi utili a lavorare su questa specifica componente.

Riteniamo che i materiali presenti in questo volume debbano essere usati con un approccio attivo da parte del professionista, anche riadattandoli o modificando la consegna, in base alle capacità e alle difficoltà del paziente.

Come usare i materiali

I materiali comprendono oltre 40 diversi tipi esercizi incentrati prevalentemente sulla memoria di lavoro.

Le schede sono divise per dominio (verbale e visuo-spaziale), per aspetti particolari trattati della memoria di lavoro (capacità e aggiornamento) e per tipo di capacità aggiuntiva richiesta (interferenza e flessibilità).

Capacità		Aggiornamento	
Verbale	Visuo-spaziale	(5 esercizi ripetuti per 5 livelli di difficoltà)	
(9 esercizi ripetuti per 6 livelli di difficoltà)	(6 esercizi ripetuti per 6 livelli di difficoltà)		
Capacità + interferenza		Aggiornamento + interferenza	
Verbale	Visuo-spaziale	(5 esercizi ripetuti per 4 livelli di difficoltà)	
(9 esercizi ripetuti per 8 livelli di difficoltà)	(6 esercizi ripetuti per 7 livelli di difficoltà)		
Capacità + flessibilità		Aggiornamento + flessibilità	
(6 esercizi ripetuti per 4 livelli di difficoltà)		(5 esercizi ripetuti per 5 livelli di difficoltà)	

Ogni esercizio richiede una ripetizione/riproduzione di quanto ascoltato/visto con molte varianti per modificare il grado di manipolazione mentale delle informazioni.

Per ogni tipo di esercizio, oltre alle spiegazioni, è previsto un esempio.

Di seguito verranno spiegati i vari esercizi:

- In «**Capacità di memoria di lavoro – verbale**» vengono proposti una serie di esercizi, di tipo verbale, volti ad ampliare lo spazio di memoria di lavoro, cioè la quantità di informazioni che la persona riesce a mantenere attive in mente. Le varianti proposte richiedono di svolgere diversi compiti che necessitano do differenti modalità di manipolazione delle informazioni (per esempio, span diretti, inversi, di riordinamento e di categorizzazione).

- In «**Capacità di memoria di lavoro – visuo-spaziale**» vengono proposti una serie di esercizi, di tipo visuo-spaziale, volti ad ampliare lo spazio di memoria di lavoro, cioè la quantità di informazioni che la persona riesce a mantenere attive in mente. Le varianti proposte richiedono di svolgere diversi compiti che necessitano di differenti modalità di manipolazione delle informazioni (per esempio, span diretti, inversi e di riordinamento).

- In «**Capacità di memoria di lavoro con interferenza – verbale**» vengono proposti una serie di esercizi, di tipo verbale, volti ad ampliare lo spazio di memoria di lavoro, cioè la quantità di informazioni che la persona riesce a mantenere attive in mente. Le varianti proposte richiedono di svolgere diversi compiti che necessitano di differenti modalità di manipolazione delle informazioni (per esempio, span diretti, inversi, di riordinamento e di categorizzazione), ma con l'aggiunta di altre informazioni che la persona deve inibire per poter svolgere il compito adeguatamente.

- In «**Capacità di memoria di lavoro con interferenza – visuo-spaziale**» vengono proposti una serie di esercizi, di tipo visuo-spaziale, volti ad ampliare lo spazio di memoria di lavoro, cioè la quantità di informazioni che la persona riesce a mantenere attive in mente. Le varianti proposte richiedono di svolgere diversi compiti che necessitano di differenti modalità di manipolazione delle informazioni (per esempio, span diretti, inversi e di riordinamento), ma con l'aggiunta di altre informazioni che la persona deve inibire per poter svolgere il compito adeguatamente.

- In «**Capacità di memoria di lavoro con flessibilità**» vengono proposti una serie di esercizi, di tipo verbale e visuo-spaziale, volti ad ampliare lo spazio di memoria di lavoro, cioè la quantità di informazioni che la persona riesce a mantenere attive in mente. Le varianti proposte richiedono di svolgere diversi compiti che necessitano di differenti modalità di manipolazione delle informazioni (per esempio, span diretti, inversi, di riordinamento e di categorizzazione), ma che prevedono di compiere due diverse attività, spostando l'attenzione da una all'altra in modo flessibile e rimanendo concentrati su entrambe.

- In «**Aggiornamento di memoria di lavoro**» vengono proposti una serie di esercizi, di tipo verbale e visuo-spaziale, volti ad aumentare la capacità di modificare in manera funzionale le informazioni presenti in memoria di lavoro. Le varianti proposte richiedono di svolgere diversi compiti che necessitano di differenti modalità di aggiornamento delle informazioni (per esempio, operando somme/sottrazioni, sostituzioni di lettere, modificazioni di posizioni).

- In «**Aggiornamento di memoria di lavoro con interferenza**» vengono proposti una serie di esercizi, di tipo verbale e visuo-spaziale, volti ad aumentare la capacità di modificare in manera funzionale le informazioni presenti in memoria di lavoro. Le varianti proposte richiedono di svolgere diversi compiti che necessitano di differenti modalità di aggiornamento delle informazioni (per esempio, operando somme/sottrazioni, sostituzioni di lettere, modificazioni di posizioni), ma con l'aggiunta di informazioni interferenti che la persona deve inibire per riuscire a portare a compimento l'attività.

- In «**Aggiornamento di memoria di lavoro con flessibilità**» vengono proposti una serie di esercizi, di tipo verbale e visuo-spaziale, volti ad aumentare la capacità di modificare in manera funzionale le informazioni presenti in memoria di lavoro. Le varianti proposte richiedono di svolgere diversi compiti che necessitano di differenti modalità di aggiornamento delle informazioni (per esempio, operando somme/sottrazioni, sostituzioni di lettere, modificazioni di posizioni), ma che prevedono di compiere due diverse attività, spostando l'attenzione da una all'altra in modo flessibile e rimanendo concentrati su entrambe.

Aggiornamento di memoria di lavoro con interferenza
Livello 1

Esempio

Chiedere al paziente di ascoltare una lista di cifre e poi dire le ultime due ascoltate, ma <u>ignorando quelle dispari</u>.
Si consiglia di leggere le cifre al ritmo di una al secondo, ma, in base alle esigenze, il ritmo può essere cambiato
Attenzione: il paziente non sa quanto sarà lunga la sequenza!

3 – 1 – 7 – 8 – 5 - 4

Professionista	Paziente
«Tre, uno, sette, otto, cinque, quattro»	«otto, quattro»

Chiedere al paziente di ascoltare una lista di cifre e poi dire le ultime due ascoltate, ma <u>ignorando quelle pari.</u>
Si consiglia di leggere le cifre al ritmo di una al secondo, ma, in base alle esigenze, il ritmo può essere cambiato
Attenzione: il paziente non sa quanto sarà lunga la sequenza!

6 – 1 – 8 – 7 – 7 – 5 – 3 – 4 – 1

Professionista	Paziente
«sei, uno otto, sette, sette, cinque, tre, quattro, uno»	«tre, quattro»

Esercizio 1

Chiedere al paziente di ascoltare una lista di cifre e poi dire le ultime due ascoltate, ma <u>ignorando quelle dispari</u>.
Si consiglia di leggere le cifre al ritmo di una al secondo, ma, in base alle esigenze, il ritmo può essere cambiato
Attenzione: il paziente non sa quanto sarà lunga la sequenza!

4 – 2 – 7 – 5 – 8 – 4 – 7

2 – 1 – 8 – 4 – 5 – 3 – 6

4 – 2 – 9 – 3 – 2 – 5 – 8 – 7 – 6

5 – 0 – 8 – 6 – 2 – 5

1 – 1 – 6 – 5 – 4 – 2 – 5 – 9

Esercizio 1

Il paziente scriva negli spazi sottostanti le risposte corrette (o le dica a voce alta):

Esercizio 1

Questa pagina è fatta per essere stampata per creare altre sequenze su decisione del professionista per continuare l'esercizio con lo stesso livello di difficoltà (se necessario)

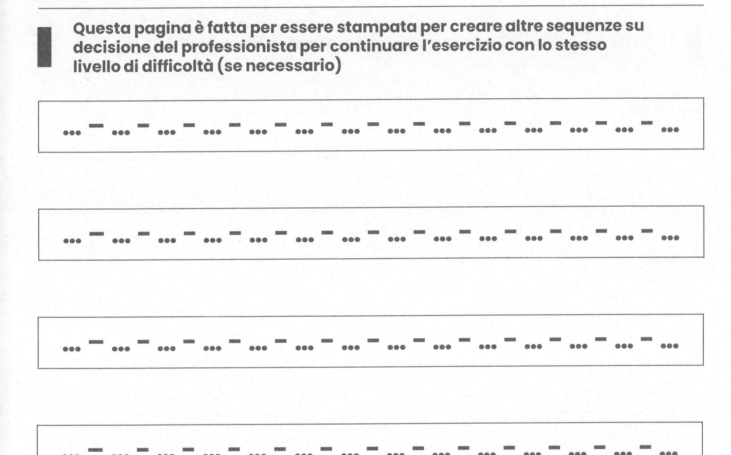

Esercizio 1

▌ **Il paziente scriva qui la risposta corretta (o la dica a voce alta):**

Esempio

Chiedere al paziente di ascoltare una lista di lettere e poi dire le ultime due ascoltate, ma <u>ignorando quelle le vocali</u>.
Si consiglia di leggere le cifre al ritmo di una al secondo, ma, in base alle esigenze, il ritmo può essere cambiato
Attenzione: il paziente non sa quanto sarà lunga la sequenza!

R – P – A – N – E – C

Professionista	Paziente
«Erre, pi, a, enne, e, ci»	«enne, ci»

Chiedere al paziente di ascoltare una lista di lettere e poi dire le ultime due ascoltate, ma <u>ignorando quelle le consonanti</u>.
Si consiglia di leggere le cifre al ritmo di una al secondo, ma, in base alle esigenze, il ritmo può essere cambiato
Attenzione: il paziente non sa quanto sarà lunga la sequenza!

B – M – E – I – T – A – S – O – N

Professionista	Paziente
«Bi, emme, e, i, ti, a, esse, o, enne»	«a, o»

Esercizio 2

Chiedere al paziente di ascoltare una lista di lettere e poi dire le ultime due ascoltate, ma <u>ignorando quelle le vocali</u>.
Si consiglia di leggere le cifre al ritmo di una al secondo, ma, in base alle esigenze, il ritmo può essere cambiato
Attenzione: il paziente non sa quanto sarà lunga la sequenza!

B – E – Z – I – L – T – U

A – D – V – H – I – S – U

C – F – A – L – M – U – Z – E – G

F – E – B – I – N – T – T – S – O – R – I

Z – B – T – R – L – T – V – M – O

Esercizio 2

Il paziente scriva negli spazi sottostanti le risposte corrette (o le dica a voce alta):

Esercizio 2

Questa pagina è fatta per essere stampata per creare altre sequenze su decisione del professionista per continuare l'esercizio con lo stesso livello di difficoltà (se necessario)

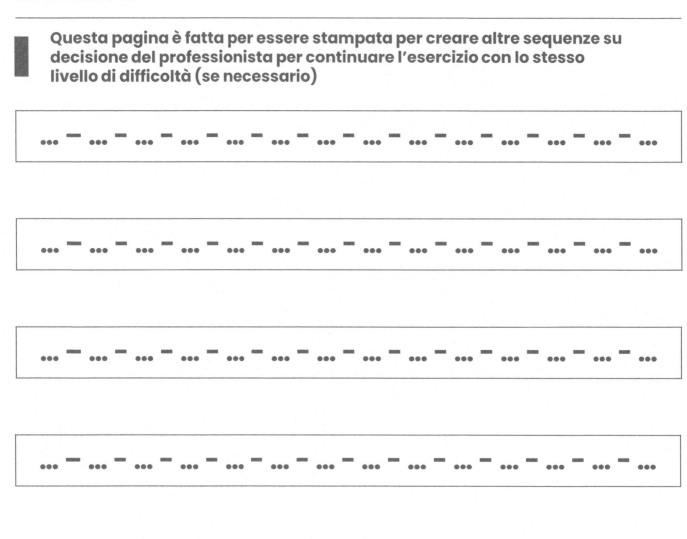

Esercizio 2

Il paziente scriva negli spazi sottostanti le risposte corrette (o le dica a voce alta):

Esempio

Mostrare al paziente una griglia come questa, chiedendo di memorizzare la posizione del quadrato colorato

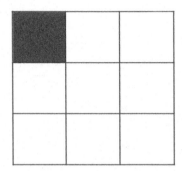

Mostrare la sequenza di frecce (qui sotto) e spiegare al paziente che ogni freccia corrisponde allo spostamento di una posizione nel verso indicato. Per esempio, partendo da sinistra, la prima freccia indica che il quadrato si è postato di una posizione verso destra

Spiegare al paziente che, dopo aver osservato per qualche secondo la sequenza, da sinistra verso destra, bisognerà indicare in quale dei 9 quadratini sarà finito il quadrato colorato, considerando però <u>soltanto le frecce rosse (chiare)</u>.

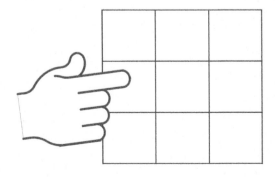
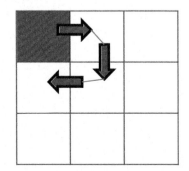

Esempio

Mostrare al paziente una griglia come questa, chiedendo di memorizzare la posizione del quadrato colorato

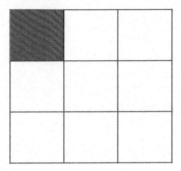

Mostrare la sequenza di frecce (qui sotto) e spiegare al paziente che ogni freccia corrisponde allo spostamento di una posizione nel verso indicato. Per esempio, partendo da sinistra, la prima freccia indica che il quadrato si è postato di una posizione verso destra

Spiegare al paziente che, dopo aver osservato per qualche secondo la sequenza, da sinistra verso destra, bisognerà indicare in quale dei 9 quadratini sarà finito il quadrato colorato, considerando però <u>soltanto le frecce blu (scure)</u>.

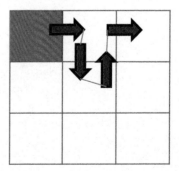

Esercizio 3 – a

 Mostrare al paziente la seguente griglia, chiedendo di memorizzare la posizione del quadrato colorato, e poi voltare pagina (di solito è sufficiente un secondo ma, all'occorrenza, si può rallentare)

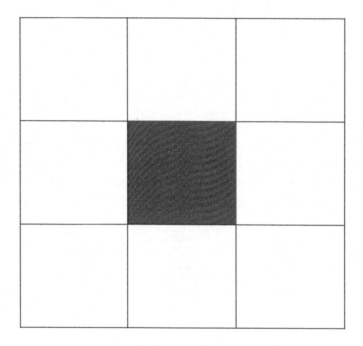

Esercizio 3 – a

Si faccia osservare al pziente la seguente serie di frecce per tanti secondi quante sono le frecce stesse, con lo scopo di spostare il quadratino rosso, una posizione alla volta, e capire dove sia arrivato alla fine., considerando però soltanto le <u>frecce rosse (chiare)</u>
All'occorenza, il tempo può essere aumentato.

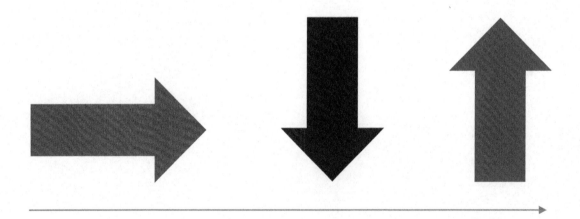

Esercizio 3 – a

Chiedere al paziente di indicare la posizione finale del quadrato rosso dopo tutti gli spostamenti

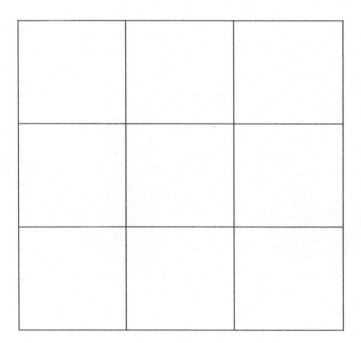

Esercizio 3 – b

 Mostrare al paziente la seguente griglia, chiedendo di memorizzare la posizione del quadrato colorato, e poi voltare pagina (di solito è sufficiente un secondo ma, all'occorrenza, si può rallentare)

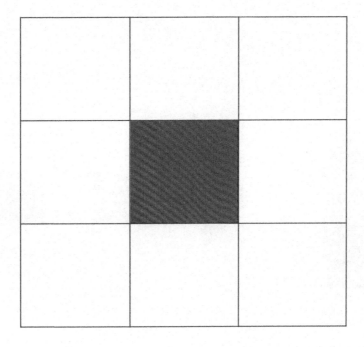

Esercizio 3 – b

Si faccia osservare al pziente la seguente serie di frecce per tanti secondi quante sono le frecce stesse, con lo scopo di spostare il quadratino rosso, una posizione alla volta, e capire dove sia arrivato alla fine., considerando però soltanto le <u>frecce rosse (chiare)</u>
All'occorenza, il tempo può essere aumentato.

Esercizio 3 – b

 Chiedere al paziente di indicare la posizione finale del quadrato rosso dopo tutti gli spostamenti

Esercizio 3 – c

Mostrare al paziente la seguente griglia, chiedendo di memorizzare la posizione del quadrato colorato, e poi voltare pagina (di solito è sufficiente un secondo ma, all'occorrenza, si può rallentare)

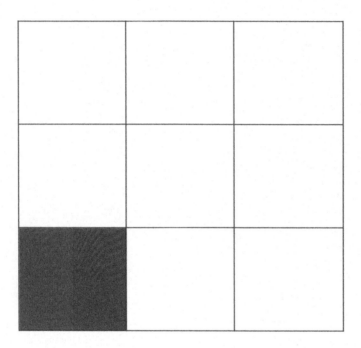

Esercizio 3 – c

Si faccia osservare al pziente la seguente serie di frecce per tanti secondi quante sono le frecce stesse, con lo scopo di spostare il quadratino rosso, una posizione alla volta, e capire dove sia arrivato alla fine., considerando però soltanto le <u>frecce rosse (chiare)</u>
All'occorenza, il tempo può essere aumentato.

Esercizio 3 – c

 Chiedere al paziente di indicare la posizione finale del quadrato rosso dopo tutti gli spostamenti

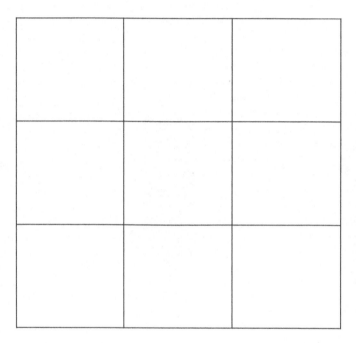

Esercizio 3 – d

 Mostrare al paziente la seguente griglia, chiedendo di memorizzare la posizione del quadrato colorato, e poi voltare pagina (di solito è sufficiente un secondo ma, all'occorrenza, si può rallentare)

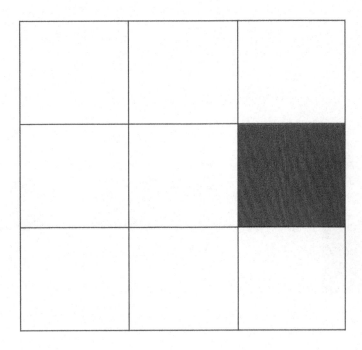

Esercizio 3 – d

Si faccia osservare al pziente la seguente serie di frecce per tanti secondi quante sono le frecce stesse, con lo scopo di spostare il quadratino rosso, una posizione alla volta, e capire dove sia arrivato alla fine., considerando però soltanto le <u>frecce rosse (chiare)</u>
All'occorrenza, il tempo può essere aumentato.

Esercizio 3 – d

 Chiedere al paziente di indicare la posizione finale del quadrato rosso dopo tutti gli spostamenti

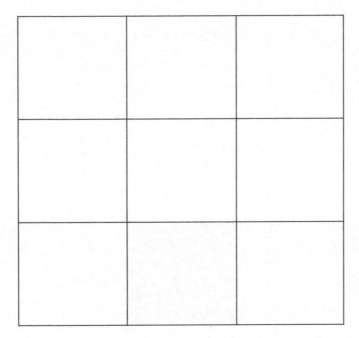

Esercizio 3 – e

 Mostrare al paziente la seguente griglia, chiedendo di memorizzare la posizione del quadrato colorato, e poi voltare pagina (di solito è sufficiente un secondo ma, all'occorrenza, si può rallentare)

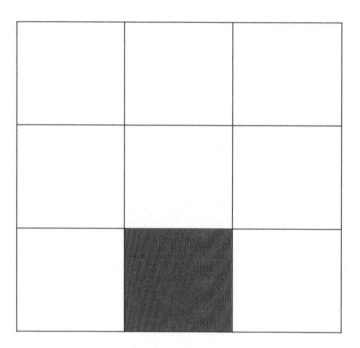

Esercizio 3 – e

Si faccia osservare al pziente la seguente serie di frecce per tanti secondi quante sono le frecce stesse, con lo scopo di spostare il quadratino rosso, una posizione alla volta, e capire dove sia arrivato alla fine., considerando però soltanto le <u>frecce rosse (chiare)</u>
All'occorenza, il tempo può essere aumentato.

Esercizio 3 – e

Chiedere al paziente di indicare la posizione finale del quadrato rosso dopo tutti gli spostamenti

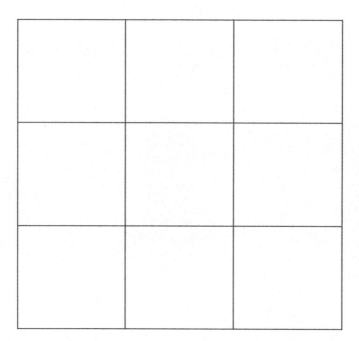

Esercizio 3 – ...

 Questa pagina è fatta per essere stampata per creare altre sequenze su decisione del professionista per continuare l'esercizio con lo stesso livello di difficoltà (se necessario)

Esercizio 3 – ...

Disegnare qui le frecce che indicano gli spostamenti del quadrato

Esercizio 3 – ...

 Chiedere al paziente di indicare la posizione finale del quadrato rosso dopo tutti gli spostamenti

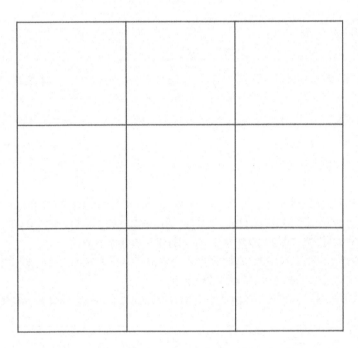

Esempio

Chiedere al paziente di ascoltare una lista di cifre e poi <u>sostituire le cifre pari con quelle più grandi di un'unità</u>, ma <u>non quelle inferiori a 5</u>.
Si consiglia di leggere le cifre al ritmo di una al secondo, ma, in base alle esigenze, il ritmo può essere cambiato
Attenzione: il paziente non sa quanto sarà lunga la sequenza!

1 – 8 – 2

Professionista	Paziente
«Uno, otto, due»	«uno, _nove_, due»

Se l'esempio precedente è stato compreso, chiedere al paziente di fare lo stesso esercizio, ma <u>sostituendo cifre dispari</u> della sequenza con quelle più grandi di un'unità, ma <u>non quelle superiori a 6</u>.
Si consiglia di leggere le cifre al ritmo di una al secondo, ma, in base alle esigenze, il ritmo può essere cambiato
(Il paziente non deve mai sapere quanto sarà lunga la sequenza!)

7 – 4 – 1

Professionista	Paziente
«sette, quattro, uno»	«sette, quattro, _due_»

Esercizio 4

Chiedere al paziente di ascoltare una lista di cifre e poi <u>sostituire le cifre pari con quelle più grandi di un'unità</u>, ma <u>non quelle inferiori a 5</u>.
Si consiglia di leggere le cifre al ritmo di una al secondo, ma, in base alle esigenze, il ritmo può essere cambiato
Attenzione: il paziente non sa quanto sarà lunga la sequenza!

8 – 1 - 3

5 – 1 - 8

6 – 9 - 8

2 – 7 - 6

4 – 1 - 8

Esercizio 4

Il paziente scriva qui la risposta corretta (o la dica a voce alta):

Esercizio 4

Questa pagina è fatta per essere stampata per creare altre sequenze su decisione del professionista per continuare l'esercizio con lo stesso livello di difficoltà (se necessario)

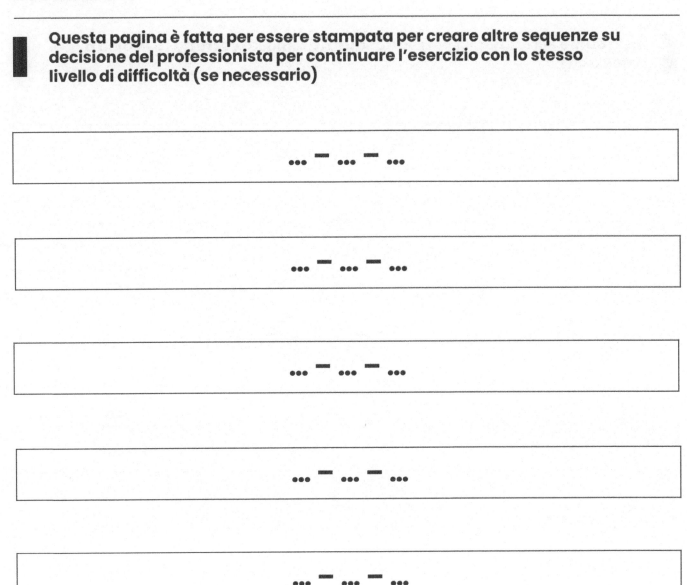

Esercizio 4

Il paziente scriva negli spazi sottostanti le risposte corrette (o le dica a voce alta):

Esempio

Chiedere al paziente di ascoltare una lista di cifre e poi sostituire le cifre pari con quelle più piccole di un'unità, ma non quelle inferiori a 5.
Si consiglia di leggere le cifre al ritmo di una al secondo, ma, in base alle esigenze, il ritmo può essere cambiato
Attenzione: il paziente non sa quanto sarà lunga la sequenza!

1 − 8 − 4

Professionista	Paziente
«Uno, otto, quattro»	«uno, _sette_, quattro»

Se l'esempio precedente è stato compreso, chiedere al paziente di fare lo stesso esercizio, ma sostituendo cifre dispari della sequenza con quelle più piccole di un'unità, ma non quelle superiori a 6.
Si consiglia di leggere le cifre al ritmo di una al secondo, ma, in base alle esigenze, il ritmo può essere cambiato
(Il paziente non deve mai sapere quanto sarà lunga la sequenza!)

7 − 4 − 3

Professionista	Paziente
«sette, quattro, tre»	«sette, quattro, _due_»

Esercizio 5

Chiedere al paziente di ascoltare una lista di cifre e poi <u>sostituire le cifre</u> <u>pari</u> con quelle <u>più piccole di un'unità</u>, ma <u>non quelle inferiori a 5</u>.
Si consiglia di leggere le cifre al ritmo di una al secondo, ma, in base alle esigenze, il ritmo può essere cambiato
Attenzione: il paziente non sa quanto sarà lunga la sequenza!

6 – 2 - 3

7 – 3- 8

6 – 7 - 4

1 – 8 - 6

8 – 4 - 6

Esercizio 5

Il paziente scriva negli spazi sottostanti le risposte corrette (o le dica a voce alta):

Aggiornamento di memoria di lavoro con interferenza Livello 2

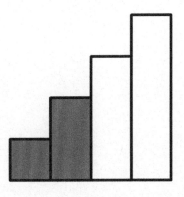

Esercizio 1

Chiedere al paziente di ascoltare una lista di cifre e poi dire le ultime <u>tre</u> ascoltate, ma <u>ignorando quelle pari</u>.
Si consiglia di leggere le cifre al ritmo di una al secondo, ma, in base alle esigenze, il ritmo può essere cambiato
Attenzione: il paziente non sa quanto sarà lunga la sequenza!

4 – 2 – 7 – 5 – 8 – 4 – 7

2 – 1 – 8 – 4 – 5 – 3 – 6

4 – 2 – 9 – 3 – 2 – 5 – 8 – 7 – 6

7 – 5 – 0 – 8 – 6 – 2 – 5 – 1

1 – 1 – 6 – 5 – 4 – 2 – 5 – 7

Esercizio 1

Il paziente scriva negli spazi sottostanti le risposte corrette (o le dica a voce alta):

Esercizio 1

Questa pagina è fatta per essere stampata per creare altre sequenze su decisione del professionista per continuare l'esercizio con lo stesso livello di difficoltà (se necessario)

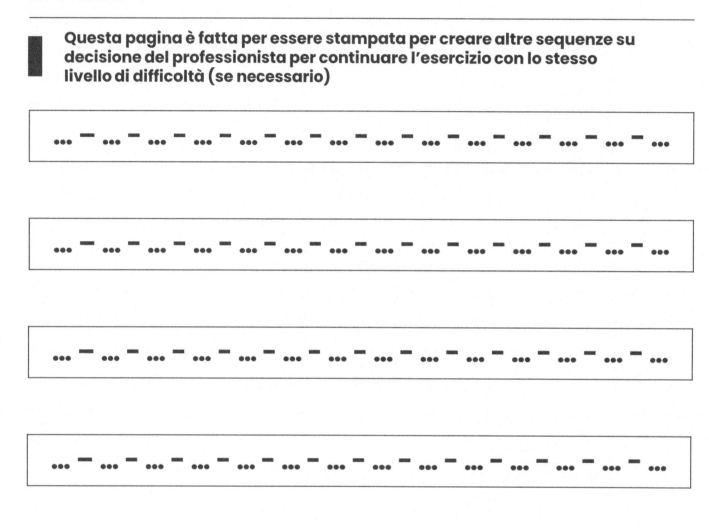

Esercizio 1

Il paziente scriva qui la risposta corretta (o la dica a voce alta):

Esercizio 2

Chiedere al paziente di ascoltare una lista di lettere e poi dire le ultime tre ascoltate, ma ignorando le consonanti.
Si consiglia di leggere le cifre al ritmo di una al secondo, ma, in base alle esigenze, il ritmo può essere cambiato
Attenzione: il paziente non sa quanto sarà lunga la sequenza!

B – E – Z – I – L – T – U

E – A – D – V – H – I – S – U

C – F – A – L – M – U – Z – E – G – O

F – E – B – I – N – T – T – S – O – R – I

Z – A – T – U – L – I – V – M – E

Esercizio 2

■ **Il paziente scriva negli spazi sottostanti le risposte corrette (o le dica a voce alta):**

Esercizio 2

Questa pagina è fatta per essere stampata per creare altre sequenze su decisione del professionista per continuare l'esercizio con lo stesso livello di difficoltà (se necessario)

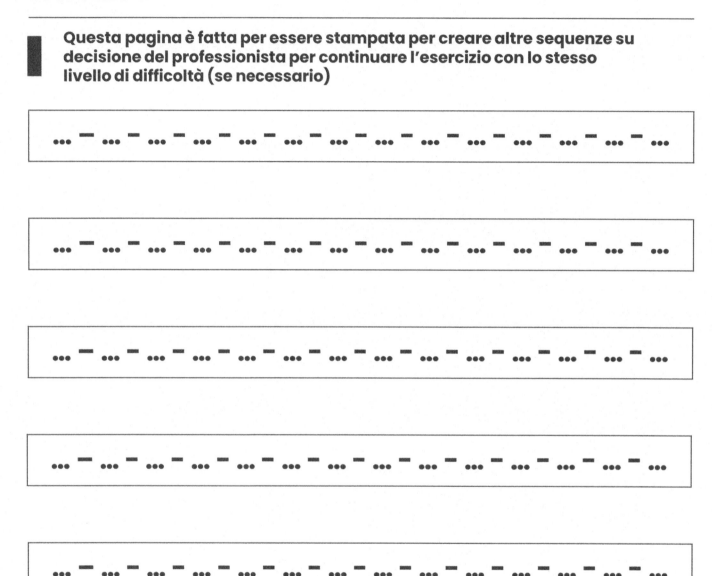

Esercizio 2

Il paziente scriva negli spazi sottostanti le risposte corrette (o le dica a voce alta):

Esercizio 3 – a

 Mostrare al paziente la seguente griglia, chiedendo di memorizzare la posizione del quadrato colorato, e poi voltare pagina (di solito è sufficiente un secondo ma, all'occorrenza, si può rallentare)

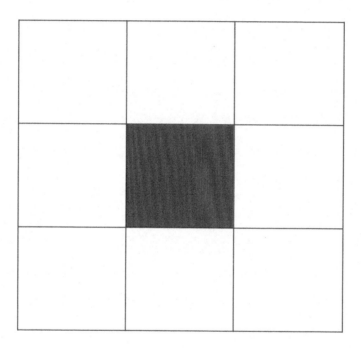

Esercizio 3 – a

Si faccia osservare al pziente la seguente serie di frecce per tanti secondi quante sono le frecce stesse, con lo scopo di spostare il quadratino rosso, una posizione alla volta, e capire dove sia arrivato alla fine., considerando però soltanto le <u>frecce blu (scure)</u>
All'occorenza, il tempo può essere aumentato.

Esercizio 3 – a

Chiedere al paziente di indicare la posizione finale del quadrato rosso dopo tutti gli spostamenti

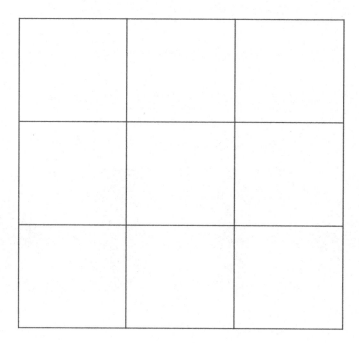

Esercizio 3 – b

 Mostrare al paziente la seguente griglia, chiedendo di memorizzare la posizione del quadrato colorato, e poi voltare pagina (di solito è sufficiente un secondo ma, all'occorrenza, si può rallentare)

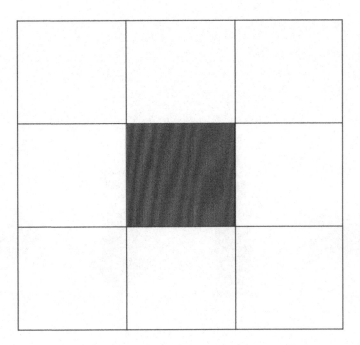

Esercizio 3 – b

Si faccia osservare al pziente la seguente serie di frecce per tanti secondi quante sono le frecce stesse, con lo scopo di spostare il quadratino rosso, una posizione alla volta, e capire dove sia arrivato alla fine., considerando però soltanto le <u>frecce blu (scure)</u>
All'occorenza, il tempo può essere aumentato.

Esercizio 3 – b

 Chiedere al paziente di indicare la posizione finale del quadrato rosso dopo tutti gli spostamenti

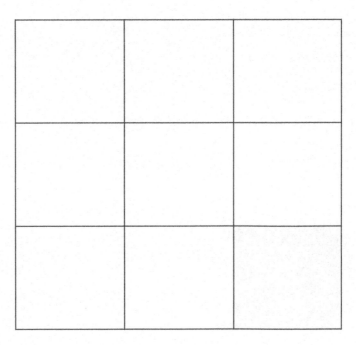

Esercizio 3 – c

Mostrare al paziente la seguente griglia, chiedendo di memorizzare la posizione del quadrato colorato, e poi voltare pagina (di solito è sufficiente un secondo ma, all'occorrenza, si può rallentare)

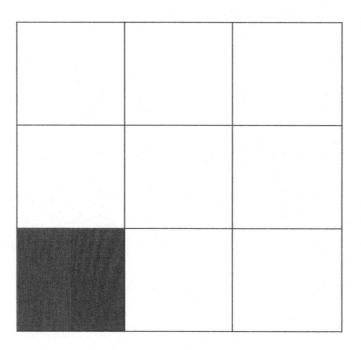

Esercizio 3 – c

Si faccia osservare al pziente la seguente serie di frecce per tanti secondi quante sono le frecce stesse, con lo scopo di spostare il quadratino rosso, una posizione alla volta, e capire dove sia arrivato alla fine., considerando però soltanto le <u>frecce blu (scure)</u>
All'occorrenza, il tempo può essere aumentato.

Esercizio 3 – c

 Chiedere al paziente di indicare la posizione finale del quadrato rosso dopo tutti gli spostamenti

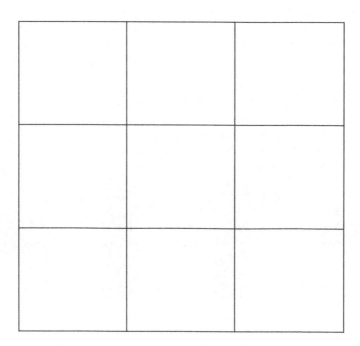

Esercizio 3 – d

 Mostrare al paziente la seguente griglia, chiedendo di memorizzare la posizione del quadrato colorato, e poi voltare pagina (di solito è sufficiente un secondo ma, all'occorrenza, si può rallentare)

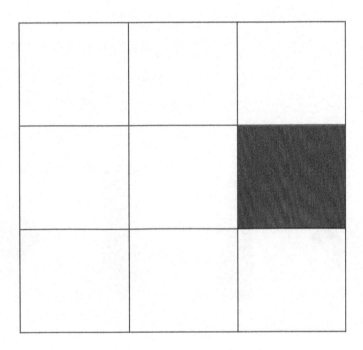

Esercizio 3 – d

Si faccia osservare al pziente la seguente serie di frecce per tanti secondi quante sono le frecce stesse, con lo scopo di spostare il quadratino rosso, una posizione alla volta, e capire dove sia arrivato alla fine., considerando però soltanto le <u>frecce blu (scure)</u>
All'occorenza, il tempo può essere aumentato.

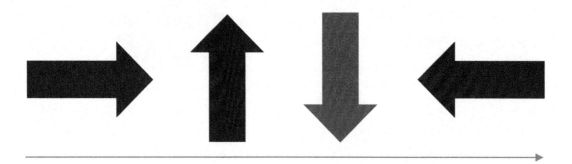

Esercizio 3 – d

 Chiedere al paziente di indicare la posizione finale del quadrato rosso dopo tutti gli spostamenti

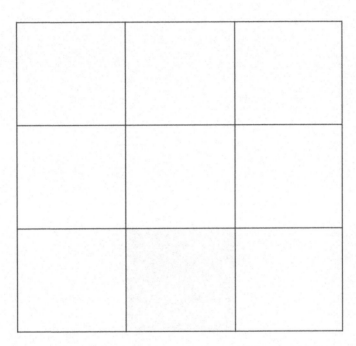

Esercizio 3 – e

 Mostrare al paziente la seguente griglia, chiedendo di memorizzare la posizione del quadrato colorato, e poi voltare pagina (di solito è sufficiente un secondo ma, all'occorrenza, si può rallentare)

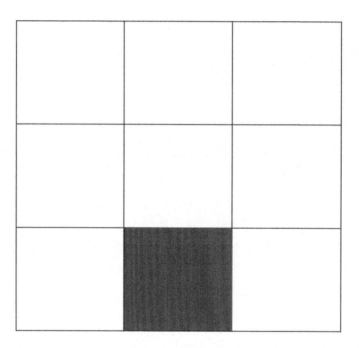

Esercizio 3 – e

Si faccia osservare al pziente la seguente serie di frecce per tanti secondi quante sono le frecce stesse, con lo scopo di spostare il quadratino rosso, una posizione alla volta, e capire dove sia arrivato alla fine., considerando però soltanto le <u>frecce blu (scure)</u>
All'occorenza, il tempo può essere aumentato.

Esercizio 3 – e

 Chiedere al paziente di indicare la posizione finale del quadrato rosso dopo tutti gli spostamenti

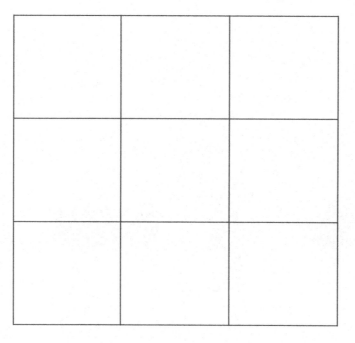

Esercizio 3 – ...

 Questa pagina è fatta per essere stampata per creare altre sequenze su decisione del professionista per continuare l'esercizio con lo stesso livello di difficoltà (se necessario)

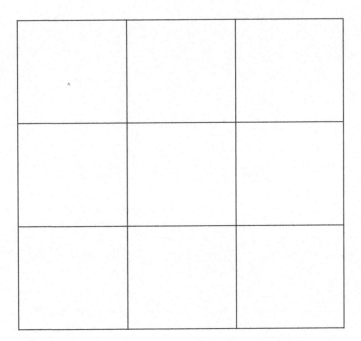

Esercizio 3 – ...

Disegnare qui le frecce che indicano gli spostamenti del quadrato

Esercizio 3 – ...

 Chiedere al paziente di indicare la posizione finale del quadrato rosso dopo tutti gli spostamenti

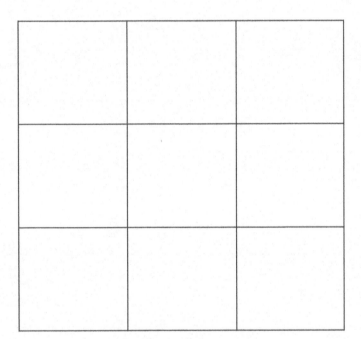

Esercizio 4

 Chiedere al paziente di ascoltare una lista di cifre e poi <u>sostituire le cifre dispari con quelle più grandi di un'unità</u>, ma <u>non quelle superiori a 6</u>. Si consiglia di leggere le cifre al ritmo di una al secondo, ma, in base alle esigenze, il ritmo può essere cambiato
Attenzione: il paziente non sa quanto sarà lunga la sequenza!

8 – 1 – 3 – 7

5 – 1 – 8 – 7

3 – 9 – 8 – 4

5 – 7 – 1 – 8

7 – 1 – 8 – 3

Esercizio 4

Il paziente scriva qui la risposta corretta (o la dica a voce alta):

Esercizio 4

Questa pagina è fatta per essere stampata per creare altre sequenze su decisione del professionista per continuare l'esercizio con lo stesso livello di difficoltà (se necessario)

••• ▬ ••• ▬ ••• ▬ •••

••• ▬ ••• ▬ ••• ▬ •••

••• ▬ ••• ▬ ••• ▬ •••

••• ▬ ••• ▬ ••• ▬ •••

••• ▬ ••• ▬ ••• ▬ •••

Esercizio 4

Il paziente scriva negli spazi sottostanti le risposte corrette (o le dica a voce alta):

Esercizio 5

 Chiedere al paziente di ascoltare una lista di cifre e poi <u>sostituire le cifre dispari</u> con quelle <u>più piccole di un'unità</u>, ma <u>non quelle superiori a 6</u>.
Si consiglia di leggere le cifre al ritmo di una al secondo, ma, in base alle esigenze, il ritmo può essere cambiato
Attenzione: il paziente non sa quanto sarà lunga la sequenza!

6 – 2 – 3 – 5

7 – 3 – 8 – 1

5 – 7 – 4 – 3

1 – 8 – 6 – 3

1 – 4 – 5 – 9

Esercizio 5

Il paziente scriva negli spazi sottostanti le risposte corrette (o le dica a voce alta):

Esercizio 5

Questa pagina è fatta per essere stampata per creare altre sequenze su decisione del professionista per continuare l'esercizio con lo stesso livello di difficoltà (se necessario)

••• ⁻ ••• ⁻ ••• ⁻ •••

••• ⁻ ••• ⁻ ••• ⁻ •••

••• ⁻ ••• ⁻ ••• ⁻ •••

••• ⁻ ••• ⁻ ••• ⁻ •••

••• ⁻ ••• ⁻ ••• ⁻ •••

Esercizio 5

Il paziente scriva negli spazi sottostanti le risposte corrette (o le dica a voce alta):

Aggiornamento di memoria di lavoro con interferenza
Livello 3

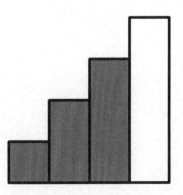

Esercizio 1

Chiedere al paziente di ascoltare una lista di cifre e poi dire le ultime **quattro** ascoltate, ma <u>ignorando quelle dispari</u>.
Si consiglia di leggere le cifre al ritmo di una al secondo, ma, in base alle esigenze, il ritmo può essere cambiato
Attenzione: il paziente non sa quanto sarà lunga la sequenza!

1 – 3 – 8 – 8 – 3 – 9 – 2 – 4 – 7 – 6

2 – 0 – 3 – 4 – 1 – 6 – 3 – 9 – 7 – 8 – 6

3 – 5 – 8 – 1 – 9 – 0 – 8 – 8 – 2 – 1 – 2 – 3 – 5

0 – 8 – 0 – 1 – 9 – 2 – 4 – 3 – 6 – 4

9 – 0 – 1 – 2 – 4 – 7 – 4 – 3 – 4 – 9

Esercizio 1

Il paziente scriva negli spazi sottostanti le risposte corrette (o le dica a voce alta):

Esercizio 1

Questa pagina è fatta per essere stampata per creare altre sequenze su decisione del professionista per continuare l'esercizio con lo stesso livello di difficoltà (se necessario)

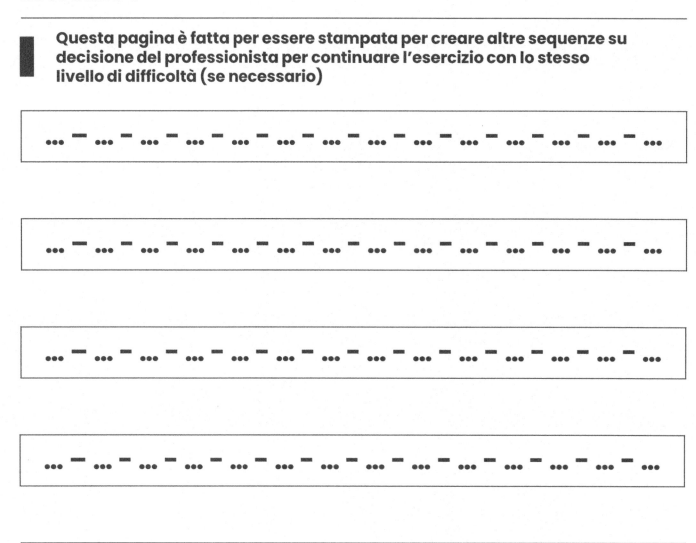

Esercizio 1

Il paziente scriva qui la risposta corretta (o la dica a voce alta):

Esercizio 2

Chiedere al paziente di ascoltare una lista di lettere e poi dire le ultime **quattro** ascoltate, ma **ignorando le vocali**.
Si consiglia di leggere le cifre al ritmo di una al secondo, ma, in base alle esigenze, il ritmo può essere cambiato
Attenzione: il paziente non sa quanto sarà lunga la sequenza!

B – E – Z – I – L – T – U – R

E – A – D – V – H – I – S – U – M

C – F – A – L – M – U – Z – E – G – O

F – E – B – I – N – T – T – S – O – R – I

Z – A – T – U – L – I – V – M – E

Esercizio 2

Il paziente scriva negli spazi sottostanti le risposte corrette (o le dica a voce alta):

Esercizio 2

Questa pagina è fatta per essere stampata per creare altre sequenze su decisione del professionista per continuare l'esercizio con lo stesso livello di difficoltà (se necessario)

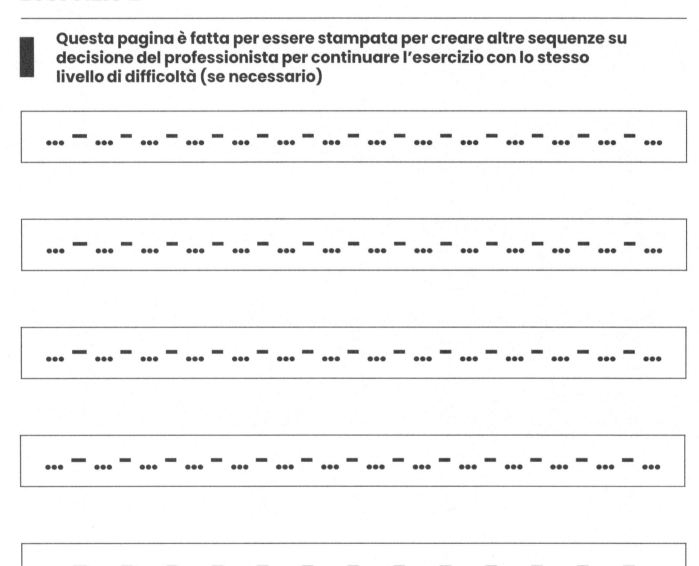

Esercizio 2

Il paziente scriva negli spazi sottostanti le risposte corrette (o le dica a voce alta):

Esercizio 3 – a

 Mostrare al paziente la seguente griglia, chiedendo di memorizzare la posizione del quadrato colorato, e poi voltare pagina (di solito è sufficiente un secondo ma, all'occorrenza, si può rallentare)

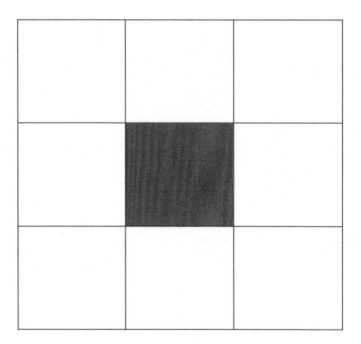

Esercizio 3 – a

Si faccia osservare al pziente la seguente serie di frecce per tanti secondi quante sono le frecce stesse, con lo scopo di spostare il quadratino rosso, una posizione alla volta, e capire dove sia arrivato alla fine., considerando però soltanto le <u>frecce rosse (chiare)</u>
All'occorenza, il tempo può essere aumentato.

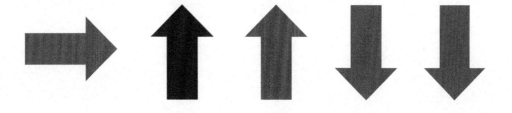

Esercizio 3 – a

 Chiedere al paziente di indicare la posizione finale del quadrato rosso dopo tutti gli spostamenti

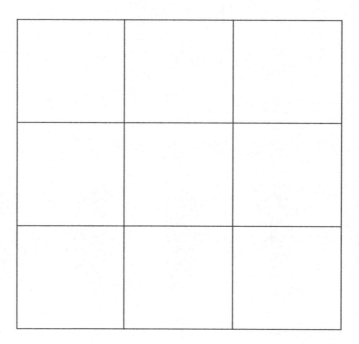

Esercizio 3 – b

 Mostrare al paziente la seguente griglia, chiedendo di memorizzare la posizione del quadrato colorato, e poi voltare pagina (di solito è sufficiente un secondo ma, all'occorrenza, si può rallentare)

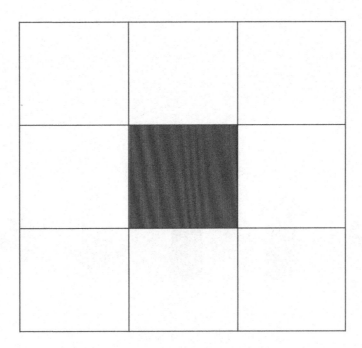

Esercizio 3 – b

Si faccia osservare al pziente la seguente serie di frecce per tanti secondi quante sono le frecce stesse, con lo scopo di spostare il quadratino rosso, una posizione alla volta, e capire dove sia arrivato alla fine., considerando però soltanto le <u>frecce rosse (chiare)</u>
All'occorenza, il tempo può essere aumentato.

Esercizio 3 – b

 Chiedere al paziente di indicare la posizione finale del quadrato rosso dopo tutti gli spostamenti

Esercizio 3 – c

Mostrare al paziente la seguente griglia, chiedendo di memorizzare la posizione del quadrato colorato, e poi voltare pagina (di solito è sufficiente un secondo ma, all'occorrenza, si può rallentare)

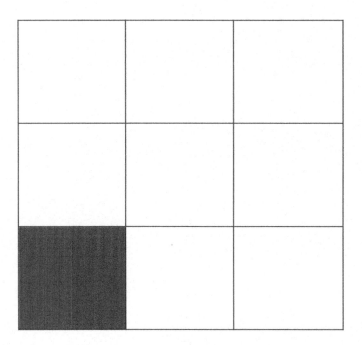

Esercizio 3 – c

Si faccia osservare al pziente la seguente serie di frecce per tanti secondi quante sono le frecce stesse, con lo scopo di spostare il quadratino rosso, una posizione alla volta, e capire dove sia arrivato alla fine., considerando però soltanto le <u>frecce rosse (chiare)</u>
All'occorenza, il tempo può essere aumentato.

Esercizio 3 – c

Chiedere al paziente di indicare la posizione finale del quadrato rosso dopo tutti gli spostamenti

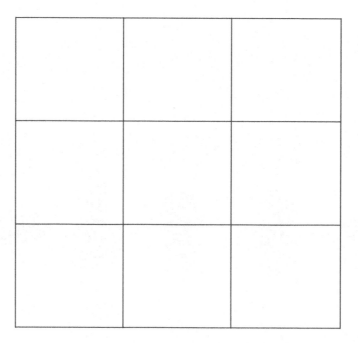

Esercizio 3 – d

 Mostrare al paziente la seguente griglia, chiedendo di memorizzare la posizione del quadrato colorato, e poi voltare pagina (di solito è sufficiente un secondo ma, all'occorrenza, si può rallentare)

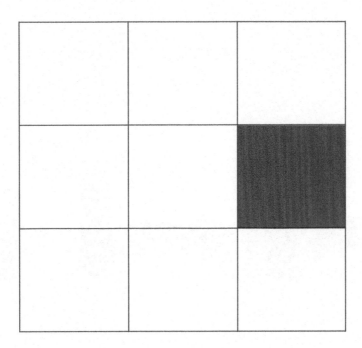

Esercizio 3 – d

Si faccia osservare al pziente la seguente serie di frecce per tanti secondi quante sono le frecce stesse, con lo scopo di spostare il quadratino rosso, una posizione alla volta, e capire dove sia arrivato alla fine., considerando però soltanto le <u>frecce rosse (chiare)</u>
All'occorenza, il tempo può essere aumentato.

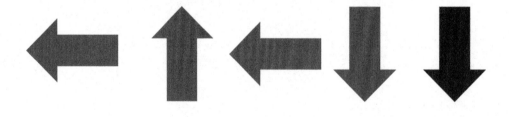

Esercizio 3 – d

 Chiedere al paziente di indicare la posizione finale del quadrato rosso dopo tutti gli spostamenti

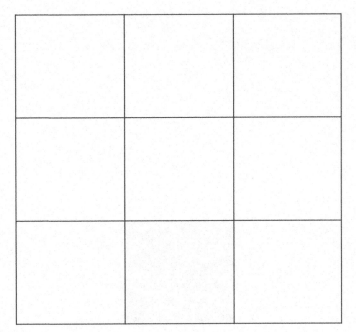

Esercizio 3 – e

 Mostrare al paziente la seguente griglia, chiedendo di memorizzare la posizione del quadrato colorato, e poi voltare pagina (di solito è sufficiente un secondo ma, all'occorrenza, si può rallentare)

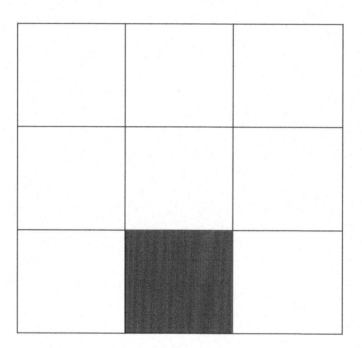

Esercizio 3 – e

Si faccia osservare al pziente la seguente serie di frecce per tanti secondi quante sono le frecce stesse, con lo scopo di spostare il quadratino rosso, una posizione alla volta, e capire dove sia arrivato alla fine., considerando però soltanto le <u>frecce rosse (chiare)</u>
All'occorenza, il tempo può essere aumentato.

Esercizio 3 – e

Chiedere al paziente di indicare la posizione finale del quadrato rosso dopo tutti gli spostamenti

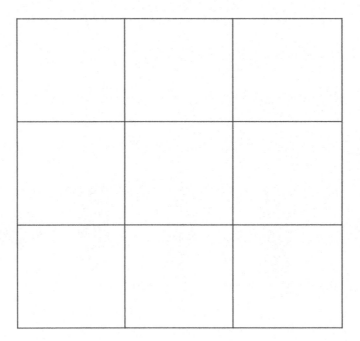

Esercizio 3 – ...

 Questa pagina è fatta per essere stampata per creare altre sequenze su decisione del professionista per continuare l'esercizio con lo stesso livello di difficoltà (se necessario)

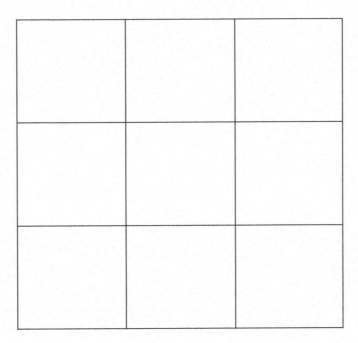

Esercizio 3 – ...

Disegnare qui le frecce che indicano gli spostamenti del quadrato

Esercizio 3 – ...

 Chiedere al paziente di indicare la posizione finale del quadrato rosso dopo tutti gli spostamenti

Esercizio 4

Chiedere al paziente di ascoltare una lista di cifre e poi <u>sostituire le cifre pari con quelle più grandi di un'unità</u>, ma <u>non quelle inferiori a 3</u>.
Si consiglia di leggere le cifre al ritmo di una al secondo, ma, in base alle esigenze, il ritmo può essere cambiato
Attenzione: il paziente non sa quanto sarà lunga la sequenza!

8 – 1 – 3 – 7 – 6

6 – 5 – 1 – 8 – 7

3 – 9 – 8 – 4 – 6

4 – 5 – 7 – 1 – 8

7 – 1 – 8 – 3 – 6

Esercizio 4

Il paziente scriva qui la risposta corretta (o la dica a voce alta):

Esercizio 4

Questa pagina è fatta per essere stampata per creare altre sequenze su decisione del professionista per continuare l'esercizio con lo stesso livello di difficoltà (se necessario)

••• ▬ ••• ▬ ••• ▬ ••• ▬ •••

••• ▬ ••• ▬ ••• ▬ ••• ▬ •••

••• ▬ ••• ▬ ••• ▬ ••• ▬ •••

••• ▬ ••• ▬ ••• ▬ ••• ▬ •••

••• ▬ ••• ▬ ••• ▬ ••• ▬ •••

Esercizio 4

Il paziente scriva negli spazi sottostanti le risposte corrette (o le dica a voce alta):

Esercizio 5

Chiedere al paziente di ascoltare una lista di cifre e poi <u>sostituire le cifre pari</u> con quelle <u>più piccole di un'unità</u>, ma <u>non quelle superiori a 6</u>.
Si consiglia di leggere le cifre al ritmo di una al secondo, ma, in base alle esigenze, il ritmo può essere cambiato
Attenzione: il paziente non sa quanto sarà lunga la sequenza!

6 – 2 – 3 – 5 – 4

6 – 3 – 8 – 1 – 2

5 – 7 – 4 – 3 – 4

1 – 8 – 6 – 3 – 2

6 – 1 – 4 – 8 – 2

Esercizio 5

Il paziente scriva negli spazi sottostanti le risposte corrette (o le dica a voce alta):

Esercizio 5

Questa pagina è fatta per essere stampata per creare altre sequenze su decisione del professionista per continuare l'esercizio con lo stesso livello di difficoltà (se necessario)

| ••• ⁻ ••• ⁻ ••• ⁻ ••• ⁻ ••• |

| ••• ⁻ ••• ⁻ ••• ⁻ ••• ⁻ ••• |

| ••• ⁻ ••• ⁻ ••• ⁻ ••• ⁻ ••• |

| ••• ⁻ ••• ⁻ ••• ⁻ ••• ⁻ ••• |

| ••• ⁻ ••• ⁻ ••• ⁻ ••• ⁻ ••• |

Esercizio 5

Il paziente scriva negli spazi sottostanti le risposte corrette (o le dica a voce alta):

Aggiornamento di memoria di lavoro con interferenza
Livello 4

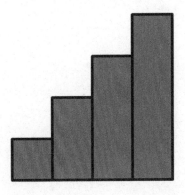

Esercizio 1

Chiedere al paziente di ascoltare una lista di cifre e poi dire le ultime **cinque** ascoltate, ma <u>ignorando quelle pari</u>.
Si consiglia di leggere le cifre al ritmo di una al secondo, ma, in base alle esigenze, il ritmo può essere cambiato
Attenzione: il paziente non sa quanto sarà lunga la sequenza!

1 – 3 – 6 – 9 – 3 – 5 – 2 – 4 – 7 –1

2 – 1 – 3 – 4 – 5 – 6 – 3 – 9 – 7 – 8 – 6

3 – 5 – 8 – 1 – 9 – 2 – 8 – 8 – 2 – 1 – 2 – 3 – 5

0 – 3 – 8 – 1 – 7 – 2 – 9 – 3 – 6 – 4

9 – 5 – 1 – 2 – 4 – 7 – 4 – 3 – 5 – 9

Esercizio 1

Il paziente scriva negli spazi sottostanti le risposte corrette (o le dica a voce alta):

Esercizio 1

Questa pagina è fatta per essere stampata per creare altre sequenze su decisione del professionista per continuare l'esercizio con lo stesso livello di difficoltà (se necessario)

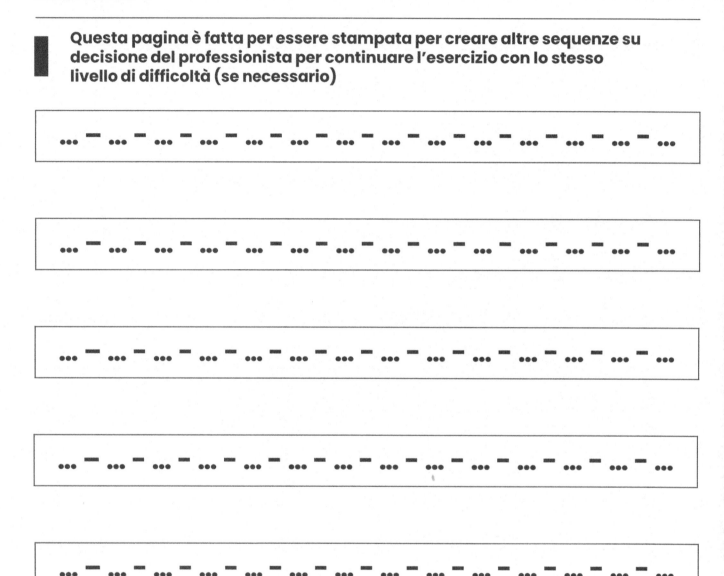

Esercizio 1

Il paziente scriva qui la risposta corretta (o la dica a voce alta):

Esercizio 2

Chiedere al paziente di ascoltare una lista di lettere e poi dire le ultime <u>cinque</u> ascoltate, ma <u>ignorando le consonanti</u>.
Si consiglia di leggere le cifre al ritmo di una al secondo, ma, in base alle esigenze, il ritmo può essere cambiato
Attenzione: il paziente non sa quanto sarà lunga la sequenza!

A – E – Z – I – O – T – U – O

E – A – D – I – H – I – S – U – E

O – F – A – L – M – U – Z – E – I – O

A – E – B – I – N – T – A – S – O – R – I

I – A – T – U – L – I – V – O – E

Esercizio 2

Il paziente scriva negli spazi sottostanti le risposte corrette (o le dica a voce alta):

Esercizio 2

Questa pagina è fatta per essere stampata per creare altre sequenze su decisione del professionista per continuare l'esercizio con lo stesso livello di difficoltà (se necessario)

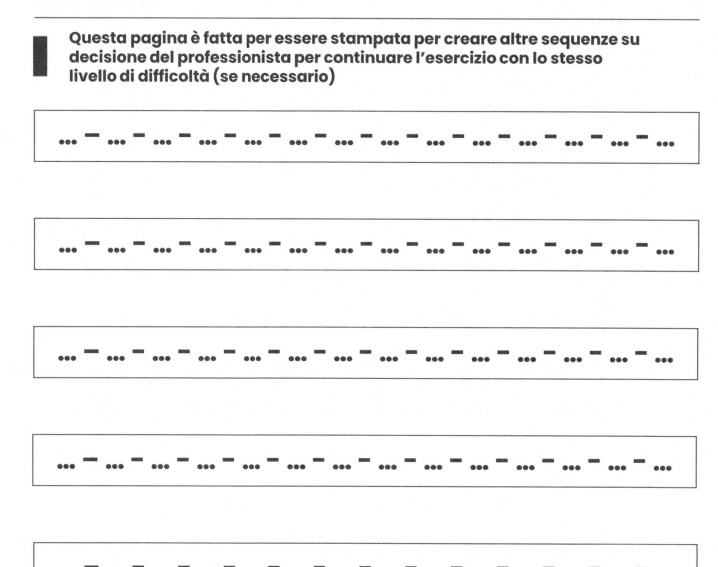

Esercizio 2

Il paziente scriva negli spazi sottostanti le risposte corrette (o le dica a voce alta):

Esercizio 3 – a

Mostrare al paziente la seguente griglia, chiedendo di memorizzare la posizione del quadrato colorato, e poi voltare pagina (di solito è sufficiente un secondo ma, all'occorrenza, si può rallentare)

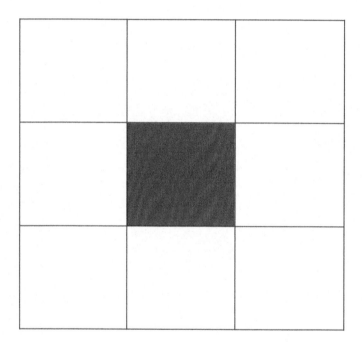

Esercizio 3 – a

Si faccia osservare al pziente la seguente serie di frecce per tanti secondi quante sono le frecce stesse, con lo scopo di spostare il quadratino rosso, una posizione alla volta, e capire dove sia arrivato alla fine., considerando però soltanto le <u>frecce blu (scure)</u>
All'occorenza, il tempo può essere aumentato.

Esercizio 3 – a

Chiedere al paziente di indicare la posizione finale del quadrato rosso dopo tutti gli spostamenti

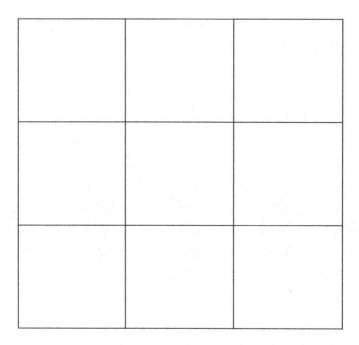

Esercizio 3 – b

Mostrare al paziente la seguente griglia, chiedendo di memorizzare la posizione del quadrato colorato, e poi voltare pagina (di solito è sufficiente un secondo ma, all'occorrenza, si può rallentare)

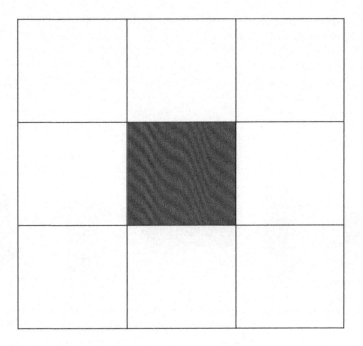

Esercizio 3 – b

Si faccia osservare al pziente la seguente serie di frecce per tanti secondi quante sono le frecce stesse, con lo scopo di spostare il quadratino rosso, una posizione alla volta, e capire dove sia arrivato alla fine., considerando però soltanto le <u>frecce blu (scure)</u>
All'occorenza, il tempo può essere aumentato.

Esercizio 3 – b

Chiedere al paziente di indicare la posizione finale del quadrato rosso dopo tutti gli spostamenti

Esercizio 3 – c

 Mostrare al paziente la seguente griglia, chiedendo di memorizzare la posizione del quadrato colorato, e poi voltare pagina (di solito è sufficiente un secondo ma, all'occorrenza, si può rallentare)

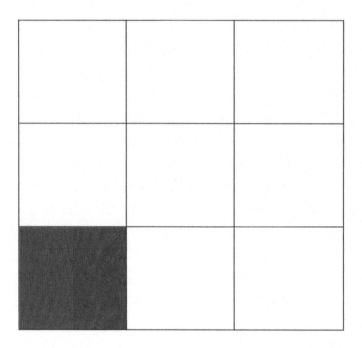

Esercizio 3 – c

Si faccia osservare al pziente la seguente serie di frecce per tanti secondi quante sono le frecce stesse, con lo scopo di spostare il quadratino rosso, una posizione alla volta, e capire dove sia arrivato alla fine., considerando però soltanto le <u>frecce blu (scure)</u>
All'occorenza, il tempo può essere aumentato.

Esercizio 3 – c

Chiedere al paziente di indicare la posizione finale del quadrato rosso dopo tutti gli spostamenti

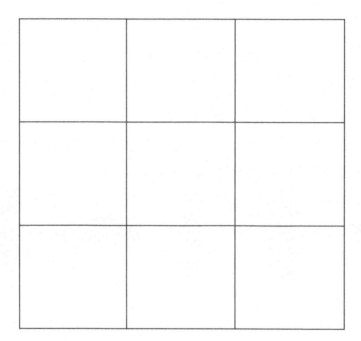

Esercizio 3 – d

 Mostrare al paziente la seguente griglia, chiedendo di memorizzare la posizione del quadrato colorato, e poi voltare pagina (di solito è sufficiente un secondo ma, all'occorrenza, si può rallentare)

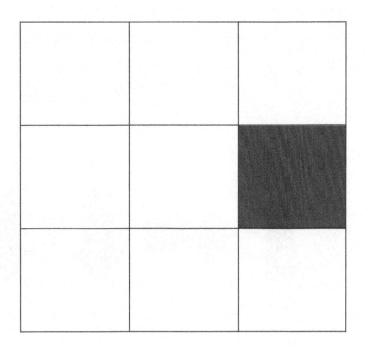

Esercizio 3 – d

Si faccia osservare al pziente la seguente serie di frecce per tanti secondi quante sono le frecce stesse, con lo scopo di spostare il quadratino rosso, una posizione alla volta, e capire dove sia arrivato alla fine., considerando però soltanto le <u>frecce blu (scure)</u>
All'occorrenza, il tempo può essere aumentato.

Esercizio 3 – d

 Chiedere al paziente di indicare la posizione finale del quadrato rosso dopo tutti gli spostamenti

Esercizio 3 – e

Mostrare al paziente la seguente griglia, chiedendo di memorizzare la posizione del quadrato colorato, e poi voltare pagina (di solito è sufficiente un secondo ma, all'occorrenza, si può rallentare)

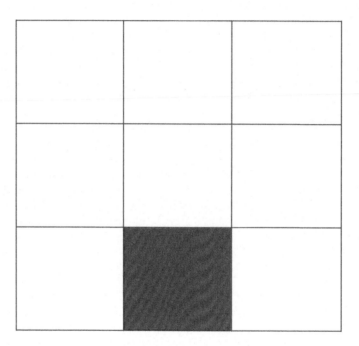

Esercizio 3 – e

Si faccia osservare al pziente la seguente serie di frecce per tanti secondi quante sono le frecce stesse, con lo scopo di spostare il quadratino rosso, una posizione alla volta, e capire dove sia arrivato alla fine., considerando però soltanto le <u>frecce blu (scure)</u>
All'occorenza, il tempo può essere aumentato.

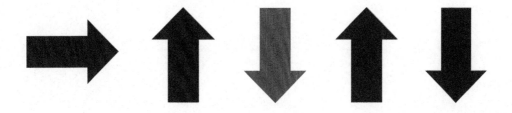

Esercizio 3 – e

 Chiedere al paziente di indicare la posizione finale del quadrato rosso dopo tutti gli spostamenti

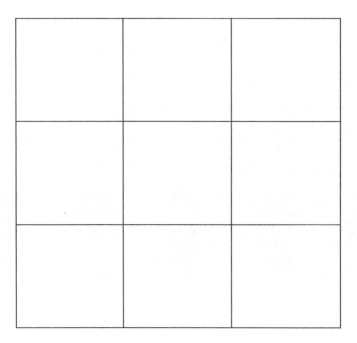

Esercizio 3 – ...

 Questa pagina è fatta per essere stampata per creare altre sequenze su decisione del professionista per continuare l'esercizio con lo stesso livello di difficoltà (se necessario)

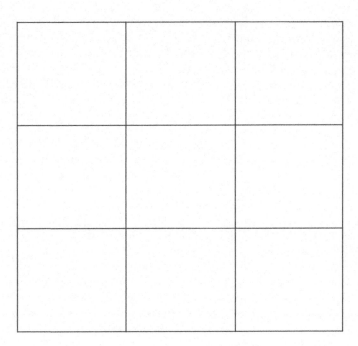

Esercizio 3 – ...

Disegnare qui le frecce che indicano gli spostamenti del quadrato

Esercizio 3 – ...

 Chiedere al paziente di indicare la posizione finale del quadrato rosso dopo tutti gli spostamenti

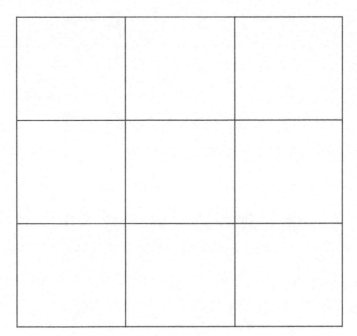

Esercizio 4

Chiedere al paziente di ascoltare una lista di cifre e poi <u>sostituire le cifre</u> <u>dispari con quelle più grandi di un'unità</u>, ma <u>non quelle inferiori a 4</u>.
Si consiglia di leggere le cifre al ritmo di una al secondo, ma, in base alle esigenze, il ritmo può essere cambiato
Attenzione: il paziente non sa quanto sarà lunga la sequenza!

8 – 1 – 3 – 7 – 6 – 8

3 – 6 – 5 – 1 – 8 – 7

3 – 9 – 8 – 4 – 6 – 7

3 – 4 – 5 – 7 – 1 – 8

7 – 1 – 8 – 3 – 6 – 5

Esercizio 4

Il paziente scriva qui la risposta corretta (o la dica a voce alta):

Esercizio 4

Questa pagina è fatta per essere stampata per creare altre sequenze su decisione del professionista per continuare l'esercizio con lo stesso livello di difficoltà (se necessario)

••• ▬ ••• ▬ ••• ▬ ••• ▬ ••• ▬ •••

••• ▬ ••• ▬ ••• ▬ ••• ▬ ••• ▬ •••

••• ▬ ••• ▬ ••• ▬ ••• ▬ ••• ▬ •••

••• ▬ ••• ▬ ••• ▬ ••• ▬ ••• ▬ •••

••• ▬ ••• ▬ ••• ▬ ••• ▬ ••• ▬ •••

Esercizio 4

Il paziente scriva negli spazi sottostanti le risposte corrette (o le dica a voce alta):

Esercizio 5

 **Chiedere al paziente di ascoltare una lista di cifre e poi <u>sostituire le cifre dispari</u> con quelle <u>più piccole di un'unità</u>, ma <u>non quelle superiori a 7</u>.
Si consiglia di leggere le cifre al ritmo di una al secondo, ma, in base alle esigenze, il ritmo può essere cambiato
Attenzione: il paziente non sa quanto sarà lunga la sequenza!**

6 – 2 – 3 – 5 – 4 – 9

5 – 6 – 3 – 8 – 1 – 2

5 – 7 – 4 – 1 – 3 – 4

1 – 8 – 6 – 3 – 2 – 1

5 – 6 – 1 – 4 – 9 – 3

Esercizio 5

Il paziente scriva negli spazi sottostanti le risposte corrette (o le dica a voce alta):

Esercizio 5

Questa pagina è fatta per essere stampata per creare altre sequenze su decisione del professionista per continuare l'esercizio con lo stesso livello di difficoltà (se necessario)

••• ⁻ ••• ⁻ ••• ⁻ ••• ⁻ ••• ⁻ •••

••• ⁻ ••• ⁻ ••• ⁻ ••• ⁻ ••• ⁻ •••

••• ⁻ ••• ⁻ ••• ⁻ ••• ⁻ ••• ⁻ •••

••• ⁻ ••• ⁻ ••• ⁻ ••• ⁻ ••• ⁻ •••

••• ⁻ ••• ⁻ ••• ⁻ ••• ⁻ ••• ⁻ •••

Esercizio 5

Il paziente scriva negli spazi sottostanti le risposte corrette (o le dica a voce alta):

Riferimenti bibliografici

- Alderson, R. M., Kasper, L. J., Hudec, K. L., & Patros, C. H. (2013). *Attention-deficit/hyperactivity disorder (ADHD) and working memory in adults: a meta-analytic review.* Neuropsychology, 27(3), 287.

- Alloway, T. P. (2009). *Working memory, but not IQ, predicts subsequent learning in children with learning difficulties.* European Journal of Psychological Assessment, 25(2), 92–98.

- Baddeley, A. (2003). *Working memory: Looking back and looking forward.* Nature Reviews Neuroscience, 4(10), 829–839.

- Baddeley, A. (2012). *Working memory: Theories, models, and controversies.* Annual Review of Psychology, 63, 1–29.

- Blakey, E., & Carroll, D. J. (2015). *A short executive function training program improves preschoolers' working memory.* Frontiers in psychology, 6, 1827.

- Bopp, K. L., & Verhaeghen, P. (2020). *Aging and n-back performance: A meta-analysis.* The Journals of Gerontology: Series B, 75(2), 229-240.

- Borella, E., Cantarella, A., Carretti, B., De Lucia, A., & De Beni, R. (2019). *Improving Everyday Functioning in the Old-Old with Working Memory Training.* The American Journal of Geriatric Psychiatry.

- Brum, P. S., Borella, E., Carretti, B., & Sanches Yassuda, M. (2018). *Verbal working memory training in older adults: an investigation of dose response.* Aging & mental health, 1-11.

- Cicerone, K. D. (2002). *Remediation of'working attention'in mild traumatic brain injury.* Brain injury, 16(3), 185-195.

- Cicerone, K. D., Goldin, Y., Ganci, K., Rosenbaum, A., Wethe, J. V., Langenbahn, D. M., ... & Harley, J. P. (2019). *Evidence-based cognitive rehabilitation: systematic review of the literature from 2009 through 2014.* Archives of physical medicine and rehabilitation, 100(8), 1515-1533.

- Conway, A. R., Kane, M. J., & Engle, R. W. (2003). Working memory capacity and its relation to general intelligence. Trends in Cognitive Sciences, 7(12), 547–552.

- Cook, L. G., Chapman, S. B., Elliott, A. C., Evenson, N. N., & Vinton, K. (2014). Cognitive gains from gist reasoning training in adolescents with chronic-stage traumatic brain injury. Frontiers in neurology, 5, 87.

- Davis, J. C., Marra, C. A., Najafzadeh, M., & Liu-Ambrose, T. (2010). The independent contribution of executive functions to health related quality of life in older women. BMC geriatrics, 10, 1-8.

- de Abreu, P. M. E., Conway, A. R., & Gathercole, S. E. (2011). Working memory and fluid intelligence in young children. Intelligence, 38(6), 552-561.

- De Wit, L., Levy, S. A., Kurasz, A. M., Amofa Sr, P., DeFeis, B., O'Shea, D., ... & Smith, G. E. (2023). Procedural Learning, declarative learning, and working memory as predictors of learning the use of a memory compensation tool in persons with amnestic mild cognitive impairment. Neuropsychological Rehabilitation, 33(7), 1278-1303.

- Delage, H., Stanford, E., & Durrleman, S. (2021). Working memory training enhances complex syntax in children with Developmental Language Disorder. Applied Psycholinguistics, 42(5), 1341-1375.

- Diamond, A. (2013). Executive functions. Annual review of psychology, 64, 135-168.

- Friedman, N. P., Miyake, A., Corley, R. P., Young, S. E., DeFries, J. C., & Hewitt, J. K. (2006). Not all executive functions are related to intelligence. Psychological science, 17(2), 172-179.

- Gao, J., Yang, Z., Li, F., Yasen, B., & Wen, S. (2023). The influence of cognitive ability in Chinese reading comprehension: can working memory updating change Chinese primary school students' reading comprehension performance?. Frontiers in Psychology, 14, 1283781.

- Goverover, Y. (2004). Categorization, deductive reasoning, and self-awareness: Association with everyday competence in persons with acute brain injury. Journal of Clinical and Experimental Neuropsychology, 26(6), 737-749.

- Goverover, Y., Genova, H. M., Hillary, F. G., & DeLuca, J. (2007). The relationship between neuropsychological measures and the Timed Instrumental Activities of Daily Living task in multiple sclerosis. Multiple Sclerosis Journal, 13(5), 636-644.

- Hancock, L. M., Bruce, J. M., Bruce, A. S., & Lynch, S. G. (2015). Processing speed and working memory training in multiple sclerosis: A double-blind randomized controlled pilot study. Journal of clinical and experimental neuropsychology, 37(2), 113-127.

- Holmes, J., Gathercole, S. E., & Dunning, D. L. (2009). Adaptive training leads to sustained enhancement of poor working memory in children. Developmental science, 12(4), F9-F15.

- Jaeggi, S. M., Buschkuehl, M., Jonides, J., & Perrig, W. J. (2008). Improving fluid intelligence with training on working memory. Proceedings of the National Academy of Sciences, 105(19), 6829-6833.

- Johansson, B., & Tornmalm, M. (2012). Working memory training for patients with acquired brain injury: effects in daily life. Scandinavian Journal of Occupational Therapy, 19(2), 176-183.

- Lamargue, D., Koubiyr, I., Deloire, M., Saubusse, A., Charre-Morin, J., Moroso, A., Coupé, P., Brochet, B. & Ruet, A. (2020). Effect of cognitive rehabilitation on neuropsychological and semiecological testing and on daily cognitive functioning in multiple sclerosis: The REACTIV randomized controlled study. Journal of the Neurological Sciences, 415, 116929.

- McVay, J. C., & Kane, M. J. (2012). Drifting from slow to "d'oh!": Working memory capacity and mind wandering predict extreme reaction times and executive control errors. Journal of Experimental Psychology: Learning, Memory, and Cognition, 38(3), 525.

- Mousavi, S., Zare, H., Etemadifar, M., & Taher Neshatdoost, H. (2018). Memory rehabilitation for the working memory of patients with multiple sclerosis (MS). Journal of clinical and experimental neuropsychology, 40(4), 405-410.

- Nikravesh, M., Aghajanzadeh, M., Maroufizadeh, S., Saffarian, A., & Jafari, Z. (2021). Working memory training in post-stroke aphasia: Near and far transfer effects. Journal of communication disorders, 89, 106077.

- Norman, D. A., & Shallice, T. (1986). Attention to action: Willed and automatic control of behavior (pp. 1-18). Springer US.

- Palmese C. A , Raskin S. A. (2000) The rehabilitation of attention in individuals with mild traumatic brain injury, using the APT-II programme. Brain Inj 14:535–548

- Passolunghi, M. C., & Costa, H. M. (2016). Working memory and early numeracy training in preschool children. Child Neuropsychology, 22(1), 81-98.

- Payne, B. R., & Stine-Morrow, E. A. (2017). The effects of home-based cognitive training on verbal working memory and language comprehension in older adulthood. Frontiers in Aging Neuroscience, 9, 256.

- Pedullà, L., Brichetto, G., Tacchino, A., Vassallo, C., Zaratin, P., Battaglia, M. A., ... & Bove, M. (2016). Adaptive vs. non-adaptive cognitive training by means of a personalized App: a randomized trial in people with multiple sclerosis. Journal of neuroengineering and rehabilitation, 13(1), 1-10.

- Peng, J., Mo, L., Huang, P., & Zhou, Y. (2017). The effects of working memory training on improving fluid intelligence of children during early childhood. Cognitive development, 43, 224-234.

- Pitteri, M., Dapor, C., Pisani, A. I., Castellaro, M., DeLuca, J., Chiaravalloti, N., ... & Calabrese, M. (2020). Executive functioning affects verbal learning process in multiple sclerosis patients: Behavioural and imaging results. Journal of neuropsychology, 14(3), 384-398.

- Sánchez-Pérez, N., Castillo, A., López-López, J. A., Pina, V., Puga, J. L., Campoy, G., ... & Fuentes, L. J. (2018). Computer-based training in math and working memory improves cognitive skills and academic achievement in primary school children: Behavioral results. Frontiers in psychology, 8, 2327.

- Sandry, J. (2015). Working memory and memory loss in neurodegenerative disease. Neurodegenerative disease management, 5(1), 1-4.

- Serino, A., Ciaramelli, E., Santantonio, A. D., Malagù, S., Servadei, F., & Làdavas, E. (2007). A pilot study for rehabilitation of central executive deficits after traumatic brain injury. Brain Injury, 21(1), 11-19.

- Sohlberg, M. M., Johnson, L., Paule, L., Raskin, S. A., & Mateer, C. A. (2001). Attention process training-II: A program to address attentional deficits for persons with mild cognitive dysfunction. Association for neuropsychological research and development.

- Sohlberg, M. M., & Mateer, C. A. (1987). Effectiveness of an attention-training program. Journal of clinical and experimental neuropsychology, 9(2), 117-130.

- Stablum, F., Umiltà, C., Mazzoldi, M., Pastore, N., & Magon, S. (2007). Rehabilitation of endogenous task shift processes in closed head injury patients. Neuropsychological Rehabilitation, 17(1), 1-33. 265-278.

- Stablum, F., Umiltà, C., Mogentale, C., Carlan, M., & Guerrini, C. (2000). Rehabilitation of executive deficits in closed head injury and anterior communicating artery aneurysm patients. Psychological research, 63, 265-278.

- Vallar, G., Cantagallo, A., Cappa, S.F., Zoccolotti, P. (2012). La riabilitazione neuropsicologica. Un'analisi basata sul metodo evidence-based medicine. Springer, Milano.

- Vernucci, S., Canet-Juric, L., & Richard's, M. M. (2023). Effects of working memory training on cognitive and academic abilities in typically developing school-age children. Psychological Research, 87(1), 308-326.

- Vaughan, L., & Giovanello, K. (2010). Executive function in daily life: Age-related influences of executive processes on instrumental activities of daily living. Psychology and aging, 25(2), 343.

- Westerberg, H., Jacobaeus, H., Hirvikoski, T., Clevberger, P., Östensson, M. L., Bartfai, A., & Klingberg, T. (2007). Computerized working memory training after stroke–a pilot study. Brain Injury, 21(1), 21-29.

- Yuan, K., Steedle, J., Shavelson, R., Alonzo, A., & Oppezzo, M. (2006). Working memory, fluid intelligence, and science learning. Educational Research Review, 1(2), 83-98.

- Zakariás, L., Salis, C., & Wartenburger, I. (2018). Transfer effects on spoken sentence comprehension and functional communication after working memory training in stroke aphasia. Journal of Neurolinguistics, 48, 47-63.

Printed by Amazon Italia Logistica S.r.l.
Torrazza Piemonte (TO), Italy

59060683R00094